BEI GRIN MACHT SICH IHR WISSEN BEZAHLT

- Wir veröffentlichen Ihre Hausarbeit, Bachelor- und Masterarbeit

- Ihr eigenes eBook und Buch - weltweit in allen wichtigen Shops

- Verdienen Sie an jedem Verkauf

Jetzt bei www.GRIN.com hochladen und kostenlos publizieren

Christopher Krause

Web 2.0 - Einsatzmöglichkeiten in Beratungsunternehmen

GRIN Verlag

Bibliografische Information der Deutschen Nationalbibliothek:

Die Deutsche Bibliothek verzeichnet diese Publikation in der Deutschen National-
bibliografie; detaillierte bibliografische Daten sind im Internet über http://dnb.d-
nb.de/ abrufbar.

Impressum:

Copyright © 2010 GRIN Verlag GmbH
Druck und Bindung: Books on Demand GmbH, Norderstedt Germany
ISBN: 978-3-656-04429-1

Dieses Buch bei GRIN:

http://www.grin.com/de/e-book/181495/web-2-0-einsatzmoeglichkeiten-in-bera-
tungsunternehmen

GRIN - Your knowledge has value

Der GRIN Verlag publiziert seit 1998 wissenschaftliche Arbeiten von Studenten, Hochschullehrern und anderen Akademikern als eBook und gedrucktes Buch. Die Verlagswebsite www.grin.com ist die ideale Plattform zur Veröffentlichung von Hausarbeiten, Abschlussarbeiten, wissenschaftlichen Aufsätzen, Dissertationen und Fachbüchern.

Besuchen Sie uns im Internet:

http://www.grin.com/

http://www.facebook.com/grincom

http://www.twitter.com/grin_com

Fachhochschule der Wirtschaft

- FHDW -

Bergisch Gladbach

Studienarbeit

Thema:

Web 2.0 Plattformen –

Einsatzmöglichkeiten in Beratungsunternehmen

Verfasser:

Christopher Krause

3. Studientrimester

Studiengang: Wirtschaftsinformatik

Studiengruppe: BFW4B8

Studienfach: IT-Consulting II

Abgabetermin:

12.04.2010

Inhaltsverzeichnis

1. Einleitung

Diese wissenschaftliche Arbeit befasst sich mit einer immer wichtiger werdenden Thematik der IT und der gesamten Welt: Web 2.0. Innerhalb der letzten Jahrzehnte wandelte sich das Internet erheblich – weg von der „einfachen", einseitigen und rationalen Informationsbeschaffung/-verarbeitung hin zu einer interaktiven, virtuellen und vor allem mächtigen Mitmachplattform für „Jedermann".

Aufgrund des breitgefächerten Begriffs Web 2.0 ist eine umfassende Erklärung des Verständnisses zu Beginn der Studienarbeit unbedingt nötig, da durch die fehlende DIN-ISO-Definition keine klare, einheitlich fundierte Grundlage herrscht und zudem die Bezeichnung implizit auf eine vorherige Entwicklung schließen lässt, die nicht unberücksichtigt bleiben sollte.

Das Potential von Web 2.0 und dessen neuen Anwendungen führen zu einem weiteren, spannenden wie großen Thema, nämlich dem Umgang und Einsatz von Web 2.0 in Unternehmen, das sogenannte Enterprise 2.0. Hier liegt das Augenmerk hauptsächlich auf den Einsatzmöglichkeiten von Web 2.0 Anwendungen/Plattformen in Beratungsunternehmen, da besonders für Dienstleistungsunternehmen die neue Web-Ära eine große Rolle spielt.

Der Rahmen dieser Studienarbeit wird daher auf die Fragen eingegrenzt, welche derzeitigen Anwendungsmöglichkeiten das Web 2.0 für Beratungsunternehmen birgt und ob ein Beratungsunternehmen durch Enterprise 2.0 konkurrenzfähiger und effizienter als seine Marktbegleiter sein kann.

Die dahinterstehende Zielsetzung des Autors ist einen möglichst genauen, jedoch verständlichen Überblick über den komplexen und weitreichenden Sachverhalt zu vermitteln, um anschließend fundierte Aussagen zu den erwähnten Fragen zu treffen. Hierzu werden jetzt die Grundlagen von Web 2.0 ergänzend erläutert.

2. Entwicklung des Internets

Die Entwicklung des Internets verlief alles andere als gradlinig und aufgrund der erschwerten Fassbarkeit dieses Phänomens in den letzten Jahrzehnten existieren keine einheitlichen und somit keine offiziellen Entwicklungsstadien des Internets.

Jedoch werden heutzutage in der Fachliteratur insgesamt drei verschiedene Stadien der Internetentwicklung anerkannt, da sie sich über ihre eindeutigen Merkmale wesentlich voneinander unterscheiden lassen.

2.1. Web 0.5

Die ursprüngliche Entwicklung des Internets begann bereits im Jahr 1969. In diesem Jahr veröffentlichte die „Advanced Research Project Agency" (ARPA), die Forschungsbehörde des Verteidigungsministeriums der Vereinigten Staaten von Amerika, das sogenannte ARPANet. Dieses hatte die anfängliche Aufgabe, verschiedene Universitäten und Forschungseinrichtungen innerhalb Amerikas für zivile Projekte miteinander zu verbinden, um so ein stabiles, sicheres und breites Datennetzwerk aufzubauen. Parallel dazu sollte es als sicheres Kommunikationsmittel zwischen den einzelnen Regierungsbehörden fungieren.

Da der Fokus auf dem Austausch theoretischer Daten/Dokumente zwischen den Wissenschaftlern lag, ist es nicht verwunderlich, dass E-Mails und Dateiübertragungen per FTP die führenden Kommunikationsmittel im ARPANet waren.

Der nächste Schritt der Weiterentwicklung des ARPANets war die Erfindung des World Wide Webs (kurz: WWW) im Jahr 1989 durch den britischen Wissenschaftler Tim Berners-Lee, der zu diesem Zeitpunkt am Forschungszentrum CERN in der Schweiz arbeitete. Aufbauend auf dem ARPANet führte er das Hyper Text Transfer Protocol (HTTP) ein, um den Datenaustausch zu vereinheitlichen und weiter zu vereinfachen.

Somit zielte das so entstandene Web 0.5 auf die Anwendung „von Experten für Experten"[1] und auf die textliche Verbreitung deren Know-hows ab, sodass die Nutzerzahlen und dementsprechend das breite, öffentliche Interesse weiterhin gering blieben. Aus diesem Grund ist zu betonen, dass die Nutzung des Webs 0.5 ausschließlich auf Business-to-Business (B2B) Beziehungen beschränkt war.

2.2. Web 1.0

Da Berners-Lee auf jegliche Form von Schutz (z.B.: Patente, Lizenzen) seiner Erfindung verzichtete, um jedem Menschen den Zugang zum Internet ermöglichen zu wollen, konnte die Technologie fortwährend weiterentwickelt werden, sodass bereits vier Jahre später der erste grafikfähige Internetbrowser („Mosaic") vom zukünftigen Netscape Gründer Marc Andreessen kostenlos angeboten werden konnte. Dies war der Start des rasanten und weltweiten Durchbruchs des Web 1.0. Trotz der hohen Kosten für einen Personal Computer sowie für die entgeltliche Verbindung ins Internet stiegen die Nutzerzahlen weltweit stetig und schnell an. Immer mehr Unternehmen erkannten das Potential, das im Internet lag, und versuchten es gewinnbringend zu benutzen, meist als neuer Absatzmarkt oder für

---

[1] Pasini, Wolters, Germer, Gell (2007): Projektarbeit: Geschäftsmodelle und crossmediale Strategien von Web 2.0 Plattformen

Marketingzwecke. Hieraus ergibt sich, dass der Handel auf der Basis von Business-to-Consumer (B2C) Beziehungen ein maßgebliches Merkmal des Internetentwicklungsstadiums Web 1.0 darstellt. Die vorhandenen Internetseiten der Unternehmen waren aufgrund der fehlenden, technischen Möglichkeiten und der langsamen Datenverbindungen der Besucher (Kunden) sehr statisch und spartanisch aufgebaut, sodass meistens nur reine Informationsangebote über die eigenen Produkte, Services oder Unternehmensdaten abrufbereit waren („Infotainment").

Die wachsenden Teilnehmerzahlen und die immer anspruchsvolleren Internetseiten sorgten für fokussierte Technologieentwicklungen, um das Internet flexibler zu gestalten und höhere Datenübertragungsgeschwindigkeiten zu ermöglichen. Da immer mehr Telekommunikations-unternehmen auf den Markt drängten, fielen die Internetpreise drastisch ab, sodass das Internet kurz vor der Jahrtausendwende für die breite Öffentlichkeit bezahlbar wurde. Das Massenprodukt „Internet" bildet seit dem Jahr 2000 die Basis aller weiteren Verbesserungen und Innovationen in diesem Bereich: ebenso für das Web 2.0.

2.3. Web 2.0

Wie eingangs erwähnt ist Web 2.0 ein sehr vielseitiges Schlagwort, was vor allem daran liegt, dass sein Namensgeber, der amerikanische Computerbuch-Verleger Tim O'Reilly, dieses Phänomen selbst „nur" umschrieb. Dies geschah auf der gleichnamigen Konferenz im Jahr 2004, wo er im Rahmen seiner Entwicklungskonferenz auf neue Trends im Internet hinwies.

So betitelte O'Reilly die angebrochene, neue Ära des Internets als „Web 2.0", da sich das Internet durch technologische Innovationen im Prozess der Veränderung befand und extreme Verhaltensänderungen der Internetnutzer zu verzeichnen waren.[2]

Aus technologischer Sichtweise bedeutet dies, dass die Internetseiten/Plattformen durch neue Protokolle und Programmiersprachen viel flexibler und benutzerfreundlicher gestaltet werden. Sie stellen, anders als die Web 1.0 Internetseiten, (fast) keine eigenen Inhalte ein, übernehmen keine sonstigen redaktionellen Funktionen, sondern ermöglichen lediglich den Internetnutzern unter der Einhaltung gewisser Grundregeln die Nutzung der bereitgestellten Services. Durch die entstehenden Standards wurde die Zusammenarbeit räumlich und zeitlich getrennter Internetnutzer möglich, die das Internet immer weniger als Informationsplattform, sondern eher als „Mitmach-Plattform" für ihre eigenen Inhalte, den sogenannten User Generated Content, ansahen.

---

[2] vgl. O'Reilly, Tim (2005): What is Web 2.0? http://www.oreilly.de/artikel/web20.html, 06.03.2010

Dies bedeutet aus der „Anwendersicht" ein gravierendes Umdenken in der Benutzung des Internets und der gegenseitigen Kommunikation, da statt der Unternehmen die Internetbenutzer und ihre frei kreierbaren Beiträge im Mittelpunkt stehen („Sozialisation").

So wird der passive Informationsleser (Konsument) zum aktiven Mitgestalter (Produzent), sodass individuelle Meinungen zu einflussreichen Gesellschaftsstandpunkten werden können, was den Einfluss der Internetbenutzer enorm steigert und eine von Grund auf neue Form des Internets darstellt.

Zusammenfassend lassen sich die drei Entwicklungsstadien des Internets mit ihren markanten Merkmalen auf einen Blick in folgender Tabelle gegenüberstellen:

Webgeneration	0.5	1.0	2.0
Bezeichnung	Technisches Web	Werbliches Web	Soziales Web
Anwender	Experten	Handel und Kunden	Menschen
Fokus	Know-how	Produkte	Meinungsbildung und Community
Beziehungen	B2B	B2C	C2C
Effekt	Rationalisierung	Infotainment	Sozialisation

Tabelle 1: Webgenerationen
(Quelle: Tabellenverzeichnis)

3. Was ist Social Software?

Wie zum Begriff „Web 2.0" existiert keine einheitliche Definition zu „Social Software". Mittlerweile setzt sich eine etwas ungenaue, dafür aber allgemeingültige Meinung in der Wissenschaft fest: Social Software umfasst alle Internetplattformen wie -anwendungen, die die [oben genannten] Web 2.0 Merkmale erfüllen, indem sie die zwischenmenschliche Interaktion bestmöglich unterstützen oder sogar erweitern.[3]

Um den Begriff besser fassen und die gesamte Vielfalt der verschiedenen Ausprägungen der Social Software einfacher kategorisieren zu können, wird in der Fachliteratur weiterhin in drei Unterrubriken unterteilt, die sich über ihre Hauptfunktionen unterscheiden (Tabelle 2, siehe nächste Seite):

---

[3] vgl. Koch, Michael & Richter, Alexander (2009): Enterprise 2.0, 2. Auflage. Seite 11. München: Oldenbourg Verlag

Rubrik	Hauptfunktion (Beschreibung der Rubrik)
Informationsmanagement	Verwalten, Finden und Bewerten von Informationen
Identitäts- und Netzwerkmanagement	Selbstdarstellung im Internet und Beziehungsmanagement
Interaktion und Kommunikation	Zwischenmenschliche Kommunikation (direkt oder indirekt möglich)

Tabelle 2: Social Software Kategorien
(Quelle: Tabellenverzeichnis)

In diese Kategorien der Social Software werden die derzeit sechs bedeutsamsten Anwendungen/Plattformen klassifiziert und einsortiert, die im nächsten Kapitel einzeln ausführlich vorgestellt werden. Dabei etablierte sich die Darstellung durch das sogenannte „Social Software Dreieck", um gleichzeitig die Gewichtung zu den angesprochenen Social Software Rubriken zu charakterisieren.

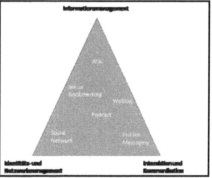

Abbildung 1: Social Software Dreieck
(Quelle: Abbildungsverzeichnis)

4. Die bedeutesten Web 2.0 Anwendungen/Plattformen

4.1. Wiki

Die erste Web 2.0 Plattform, die Wikis (hawaiisch: schnell)[4], gehört eindeutig in die Kategorie des Informationsmanagements, da Wikis offene Content-Management-Systeme repräsentieren. Während normalerweise Content-Management-Systeme abgeschlossen sind und nur für einen begrenzten Nutzerkreis zur Verfügung stehen sollen, verfolgen Wikis ein anderes Ziel: Sie wollen das „Expertenwissen" einer größtmöglichen Benutzeranzahl zu unterschiedlichen Themenfeldern aggregieren und für jeden öffentlich zugänglich bereitstellen.

Dies geschieht durch die leichte Bedienbarkeit der Funktionen durch die Internetbenutzer, die neben der Veröffentlichung eigener Wissensartikel vorhandene „nach bestem Wissen und Gewissen" editieren können, sodass sich der Inhalt einer Wiki-Plattform ständig im Wandel

---

[4] vgl. http://tig.lsc.gov/techglossary.php, Legal Services Corporation, 7.3.2010

befindet („kollektive Intelligenz"). Aus diesem Grund ist eine Versionierungsfunktion der Wiki-Software für die Artikel und ihre Veränderungen unerlässlich, um die Korrektheit und Qualität der Artikel bestmöglich zu sichern.

Aufgrund der offensichtlich ableitbaren Vielseitigkeit von Wikis werden sie mittlerweile in fast allen Bereichen eingesetzt, wo Menschen interaktiv zusammenarbeiten oder ihr Wissen mitteilen möchten. Die Killerapplikation, also die Anwendung, die den Wikis zu ihrem Durchbruch verhalf, ist die weltbekannte und größte Enzyklopädie der Welt „Wikipedia".

4.2. Blogs (Weblogs)

Ein Blog bezeichnet im Allgemeinen eine sporadisch aktualisierte Internetseite, auf der einzelne Beiträge („Artikel") eines Individuums in umgekehrt chronologischer Reihenfolge veröffentlicht und für die Öffentlichkeit aufgelistet sind. Der Name „Blog" entstammt von Weblog, da ein Blog eine Art onlinegeführtes Tagebuch einer Person bzw. Gruppe verkörpert.

Der Blogger (Autor der Artikel) schreibt generell aus einer sehr subjektiven Sichtweise über alle möglichen Geschehnisse aus seinem Leben oder über aktuelle, interessante Ereignisse, die ihn derzeit bewegen.

Zahlreiche Blogdienste bieten kostenlos die Möglichkeit innerhalb

Abbildung 2: Blog der Tagesschau Korrespondenten
(Quelle: Abbildungsverzeichnis)

weniger Minuten eine personalisierte Blog-Internetseite – basierend auf der installierten Rahmensoftware des Anbieters – zu kreieren, sodass keine tiefgehenden Kenntnisse über Programmiersprachen oder sonstiges Spezialwissen nötig sind. Somit kann der Blogger seine Artikel auf der Basis des WYSIWYG-Prinzips („What you see is what you get") veröffentlichen, was für denjenigen soviel bedeutet, dass er einen virtuellen Texteditor – wie sein eigenes Textprogramm – für die Publikation bereitgestellt bekommt.

Blogs werden öfters „in einem Atemzug" mit den schon im Web 1.0 vorhandenen Foren (fast) gleichgestellt, was auf dem ersten Blick durch die ähnliche Struktur und Aufgabe beider Kommunikationsmittel sinnvoll erscheint, jedoch existieren zwei essentielle Unterschiede, die sie eindeutig voneinander trennen:

Das erste Merkmal ist die Handhabung der Veröffentlichung eines Artikels. Ein Forum beherbergt eine registrierte Anzahl von einzelnen Mitgliedern, die alle den ersten Beitrag zu einem Thema (sog: Threads) schreiben können und anschließend automatisch zur weiteren Diskussion stellen. Bei Blogs hingegen gibt es meist nur einen Autor, der alle Ursprungsbeiträge ins Internet stellt, die von zufälligen Besuchern (oft ohne vorherige Registrierung) in irgendeiner Form kommentiert werden können.

Der zweite, wesentliche Punkt lässt sich unter dem Fachwort „Blogosphäre" zusammenfassen. Es beschreibt die Gesamtheit aller Blogs, Blogger und besonders deren Verbindungen zueinander. Im Gegensatz zu Foren bestehen bei Blogs verschiedenartige Vernetzungsmechanismen, die vom Autor oder kommentierenden Besucher angewendet werden können. Mithilfe von Permalinks (eindeutige Adresse zum Blog) oder Trackbacks (automatische, gegenseitige Verlinkung) bilden unabhängige Blogs(eiten) untereinander ein dichtes Netzwerk, dessen Größe allein von der Anzahl der Links abhängt, die wiederum von der Beliebtheit, der Resonanz des Artikels und dem Bekanntheitsgrad der Blogseite beeinflusst werden.

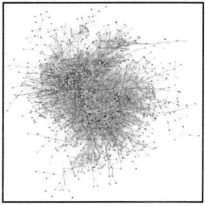

Abbildung 3: Blogosphäre Schema
(Quelle: Abbildungsverzeichnis)

So sind die viralen Effekte in der Blogosphäre und besonders die Eigendynamiken, die ein Artikel dadurch erfahren kann, für alle Beteiligten (Blogger, Gesellschaft, Unternehmen) nicht zu unterschätzen, da sie positive wie negative Wirkungen erzeugen können.

4.3. Podcasts

Podcasts sind Mediendateien (Audio- oder Videodateien), die einfach und meist kostenlos von den Internetbenutzern im Internet verbreitet werden können. Podcasts stellen eine Art „eigenes Internetradio" dar, da der Sinn darin besteht, nicht nur eine einzelne Datei bereitzustellen, sondern fortdauernde Folgen.

Der Begriff „Podcast" wie auch die beschreibende Tätigkeit „Podcasting", die für das Erstellen und Publizieren eines Podcasts steht, ist ein Kompositum aus iPod, Apples Kult-Mp3-Player, und Broadcasting, was genau übersetzt Rundfunkübertragung bedeutet. Damit soll also eine neue Generation von öffentlicher Informierung beschrieben werden. Trotz der

Namensverwandtheit ist das Podcasting keine Erfindung von Apple, was jedoch viele denken, da das Unternehmen maßgeblich zur Popularität von Podcasts beitrug, indem es seit 2003 die Möglichkeit der Abonnierung von Podcasts in seine populäre Multimediasoftwarezentrale, iTunes, für die breite Masse der Öffentlichkeit integrierte.

Durch die zahlreichen Gestaltungsmöglichkeiten und der individuellen Note einer Publikation eines Internetbenutzers sind Podcasts mit den zuvor beschriebenen Blogs sehr gut vergleichbar, da beide den ungefähr gleichen Rahmenbedingungen unter-liegen. Es wird sogar in Einzelfällen gesagt, dass „Podcasts letztlich nur Weblogs mit Sound statt mit Text sind"[5].

Diese Aussagen sind mittlerweile problematischer geworden, da nicht mehr nur Textblogs, sondern auch explizite Audio-/Videoblogs erstellt werden können (siehe Abbildung 4).

Abbildung 4: Videoblog der Bundeskanzlerin Merkel
(Quelle: Abbildungsverzeichnis)

4.4. Social Bookmarking

Social Bookmarking (eng. soziale Lesezeichen) ist eine Teildisziplin des übergeordneten Social Taggings.

Der Begriff Social Tagging beschreibt nämlich den Prozess über den Internetbenutzer Metadaten (Informationen über Daten) in Form von einfachen Schlüsselwörtern zu gemeinsamen Inhalten hinzufügen.[6] So liegt die Fokussierung wie bisher nicht auf der Generierung neuer, benutzerspezifischer Inhalte, sondern auf der Anreicherung bereits bestehender User-Informationen mit konkreten, beschreibenden Schlüsselwörtern, den sogenannten Tags (eng. Etikett).

Solche Tags können von dem Internetbenutzer selber an seine generierten, unterschiedlichen Inhaltsobjekte (z.B.: Fotos, E-Mails, Dokumente, Webseiten) „geheftet" werden und er kann zudem noch der Allgemeinheit ermöglichen, weitere Tags für seine Inhalte zu vergeben. Daraus entstehen in den meisten Fällen „Tag Clouds", also ganze Informationswolken, da

---

[5] vgl. Maciejewski, D.; Müller, P. (2006): Vom Blog zum Podcast. Chip Sonderheft 10/2006
[6] vgl. Golder, S; Hubermann, B.A. (2006): Usage Patterns of Collaborative Tagging Systems. Journal of Information Science 32/2

identische/ähnliche Tags zusammengefasst werden. Somit ergibt sich ein großes Netzwerk von Tag-zuordnungen, das die Internet-benutzer maßgeblich mit-bestimmen, weil sie fast alles gemeinschaftlich indexieren (siehe Abbildung 5).

Dieses System macht sich Social Bookmarking zu Nutze.

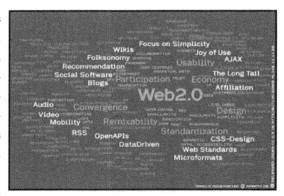

Abbildung 5: „Web 2.0" Tag Cloud
(Quelle: Abbildungsverzeichnis)

Social Bookmarking bezeichnet die Erstellung, Einordnung und Organisation von Webseitenlesezeichen im Internet. Anders als die lokal gespeicherten Favoriten in jeder Browsersoftware werden die gewünschten Webseitenlesezeichen online auf eine dafür eingerichtete Plattform wie dem größten, englischsprachigen Dienst „Delicious" hinterlegt. Hinzu kommt die Möglichkeit der bereits angesprochenen öffentlichen Tagvergabe für jedes Lesezeichen, sodass den anderen Teilnehmern der Zugriff auf die eigenen Lesezeichen ermöglicht wird. So entsteht wieder mal ein Netzwerk zwischen den registrierten Teilnehmern, was deren Suche nach Informationen durch die Benutzerlesezeichen erleichtert.

4.5. Instant Communication

Instant Communication dient im Web 2.0 in erster Linie als Interaktions- und Kommunikationsmittel der Internetbenutzer. Die Besonderheit hier liegt auf dem Hauptaugenmerk der direkten und synchronen Gesprächsmöglichkeit der mindestens zwei Kommunikationspartner.

Die zuvor erläuterten Web 2.0 Anwendungen/Plattformen unterstützen hauptsächlich die asynchrone und indirekte Kommunikation, da bei ihnen statt der Menschen das Teilen von Informationen im Vordergrund steht. Asynchron ist in diesem Zusammenhang so zu verstehen, dass die Kommunikationspartner generell nicht zur gleichen Zeit agieren (müssen). Indirekt dagegen bedeutet, dass der Sender seine Nachricht grundsätzlich an keinen bestimmten Empfänger richtet, sondern einfach seine Meinung bzw. Wissen äußert.

Somit zielt Instant Communication genau auf das Gegenteil dazu ab: gegenseitige, zeitnahe Kommunikation mit einem/mehreren bestimmten Gesprächspartner(n). Dabei werden vor allem die Features Videokonferenz, Internettelefonie und Instant Messaging genutzt, die an sich nicht direkt dem Web 2.0 zuzuschreiben sind. Doch die Kombination aus den verschiedenen Elementen und die Integration dieser in andere Web 2.0 Anwendungen/Plattformen ist typisch für Web 2.0, da die Grenzen der Anwendungen immer mehr verschwimmen. So ist es besonders bei Instant Messaging geschehen, was meist als Addon (zusätzliche Komfortfunktion) in heutigen Web 2.0 Plattformen zu finden ist.

Instant Messaging (IM) bezeichnet ursprünglich einen Dienst, mit dem verschiedene Kommunikationspartner überall auf der Welt Textnachrichten austauschen können. Durch die ständigen Weiterentwicklungen der IM-Software ist es heute sogar möglich, kostenlose Sprach- und Videokonferenzen abzuhalten, was besonders Privatanwender erfreut (Bsp.: Skype). Dies erfolgt alles in Echtzeit, sodass diese Kommunikationsform eine echte Alternative zur Festnetz- wie Mobiltelefonie repräsentiert, da bei jeder Software ein „Adressbuch" in Form einer einfach zu verwaltenden Kontaktliste vorhanden ist. Diese Kontaktliste dient zudem noch als zentrales Kommunikationsmenü, da jeder Benutzer der Software seinen Gesprächsstatus individuell einstellt (z.B. verfügbar, beschäftigt, abwesend, offline) und den Anderen eine Änderung automatisch über den Softwareserver mitteilt, sodass diese auf der Basis des Status passende Entscheidungen treffen können („Präsenzawareness").

Abbildung 6: Kontaktliste in iChat)
(Quelle: Abbildungsverzeichnis)

4.6. Social Networks

Die zuvor beschriebenen Technologien ermöglichen eine Sozialisation des Internets, da jeder Internetbenutzer aktiv das Internet mitgestalten kann, wenn dieser es gerne möchte. So kennzeichnet das Web 2.0 den offensichtlichen Wechsel von einem statischen, einseitigen Internet zur Entstehung vieler global zugreifbarer, sozialer Netzwerke.

In diesem Zusammenhang wird häufig der Begriff „Social Networking" verwendet, dessen Inhalt heute eine große, gesellschaftliche Bedeutung zugeschrieben wird. Es beschreibt nämlich den Prozess des Aufbaus und Pflegens von Beziehungen innerhalb / zwischen bestimmten Gruppen.[7] Durch eine örtliche und/oder zeitliche Trennung von Menschen ist dies nicht immer ohne weiteres möglich. Genau dort setzen die Social Networks an, denn ihre zwei Hauptziele bilden sich aus dem Identitäts- und Beziehungsmanagement heraus:

Unter Identitätsmanagement wird im Allgemeinen die Selbstdarstellung eines Internetbenutzers durch die Erstellung eines Profils in einer Community (eng. Gemeinschaft) verstanden. Somit gibt er wissentlich seine eingetragenen, persönlichen Daten innerhalb dieses Netzwerks preis, um selbst als Individuum im Internet wahrgenommen und gefunden zu werden. Die Suche erfolgt hier meist anhand von bestimmten Feldern der Profile (z.B. Name, Beruf, Ort, Interessen) über ein schon integriertes Feld der Plattform, jedoch ist auch eine eingeschränkte Suche über eine Suchmaschine, beispielsweise Google, bei vielen Social Networking-Plattformen möglich.

Der zweite, wichtige Aspekt von sozialen Netzwerken ist die Möglichkeit der virtuellen Vernetzung der Teilnehmer untereinander, also das „Networking" (siehe Abbildung 7). Da jeder Teilnehmer seine Profildaten so aktuell wie möglich hält, um immer up2date im Internet präsent zu sein, erleichtert dies ungemein das Verwalten von Beziehungen zu privaten bzw. geschäftlichen Kontakten. Der „Profilbesitzer" nimmt eigenständig Änderungen aller Art (z.B. E-Mail-Adresse, Postanschrift) vor, sodass seine Kontakte ohne weitere Bearbeitungen nur noch auf die derzeit korrekten Profildaten zugreifen müssen und somit Zeit und Mühe sparen.

Abbildung 7: Nutzer sozialer Netzwerke
(Quelle: Abbildungsverzeichnis)

Zusätzlich bieten die Netzwerkplattformen verschiedene, nützliche Funktionen an, wie die Möglichkeit des Taggens zur Kategorisierung von Kontakten oder das Anzeigen des Verbindungsgrads (und -wegs) zwischen den Profilen. Die Visualisierung der Verbindungen unter den Teilnehmern beruht auf den Nachforschungen des amerikanischen Psychologen Stanley Milgram, der 1967 eine Studie durchführte, wonach alle Mitglieder eines sozialen Netwerks über verschiedene Knotenpunkte miteinander verbunden sind. Er stellte in seiner damaligen Ausführung „The Small World Phenomenon" die Hypothese auf, dass jeder

---

[7] vgl. Furnham, A. (1997): The psychology of behaviour at work: The individual in the organization. S. 541. Hove: Psychology Press

Mensch (sozialer Akteur) auf der Welt mit jedem anderen über eine überraschend kurze Kette von Bekanntschaftsbeziehungen verbunden ist.[8] Die bisher größte und aktuellste Studie der Microsoft Research bestätigte 2007 empirisch Milgrams Hypothese und zeigte die durchschnittliche Anzahl von erstaunlichen 6,6 Verbindungsknoten auf, wonach ein Mensch über sechs bzw. sieben Ecken jeden anderen Menschen der Welt kennt.[9] Dies machen sich die Social Networking-Plattformen zu Nutze, um durch die Anzeige des kurzen Bekanntheitsgrads die Kontaktschwelle zwischen den Teilnehmern untereinander zu senken.

Um den diversen Bedürfnissen der Menschen gerecht zu werden, entstanden zahlreiche Social Networks, die sich alle an unterschiedliche „Kunden" richten, wie z.b. StudiVZ für Studenten, Lokalisten für kommunale Profile, XING für Geschäftsleute, MySpace für Musiker und Facebook für „Jedermann". Trotz der offensichtlichen Vielfalt besitzen alle eigenständigen Plattformen eine Gemeinsamkeit: die zwei Social Network Hauptziele und deren bestmögliche Umsetzung.

5. Enterprise 2.0: Einsatz in Beratungsunternehmen

Die zuvor beleuchteten Formen von Web 2.0 Anwendungen/Plattformen zielen ursprünglich auf den Einsatz im privaten Bereich der Menschen ab, da sie kostenfreie Dienste für „Jedermann" anbieten, die wiederum von Privatpersonen gerne angenommen und für die unterschiedlichsten, privaten Interessen derzeit verwendet werden.

Längst erkannten Unternehmen das Potenzial, was in Web 2.0 steckt, und versuchen einige Anwendungen/Plattformen in ihre Unternehmen zu integrieren, um die Effektivität und Effizienz der Mitarbeiter zu verbessern und sich somit von den übrigen Marktbegleitern abzuheben.[10] Um den unternehmerischen Einsatz einfacher von der privaten Nutzung abgrenzen zu können, wurde in diesem Zusammenhang der Begriff „Enterprise 2.0" geprägt, also der Umgang und Einsatz von Web 2.0 in Unternehmen.

Besonders für Dienstleistungsunternehmen ist Enterprise 2.0 interessant, weil sie – im Gegensatz zum produzierenden Gewerbe – keine klassischen Produkte herstellen, sondern ihre Leistungen der entgeltlichen Nutzung des Unternehmens-Know-hows entsprechen. Die typischen Merkmale dieses Produkts „Dienstleistung" bilden sich aus der Immaterialität, der

---

[8] vgl. Milgram, Stanley (1967): The Small World Problem. Psychology Today
[9] vgl. Leskovec, Jure & Horvitz, Eric (2007): Planetary-Scale Views on an Instant-Messaging Network.
http://arxiv.org/PS_cache/arxiv/pdf/0803/0803.0939v1.pdf, 14.03.2010
[10] vgl. Vinke, Daniel & Nicolai, Alexander (2009): Wie nutzen Deutschlands größte Marken Social Media?
Empirische Studie der Universität Oldenbourg

schwierigen Qualitätsprüfung, dem erforderlichen direkten Klientenkontakt (Auftragsindividualität) und der Nichtlagerfähigkeit der Dienstleistungen.[11] Durch diese Faktoren stehen die einzelnen Dienstleistungsunternehmen seit ihren Entstehungen vor einer großen Herausforderung, die es bestmöglich zu lösen gilt: den „Abfluss" des Wissens jedes einzelnen Mitarbeiters zu verhindern, da deren individuelles, meist unaufgeschriebenes (implizites) Know-how die Basis, also das Kapital, des jeweiligen Dienstleistungsunternehmens bildet.

Besonders deutlich wird dies in der Beratungsbranche, die allgemeingültig zum Dienstleistungssektor gezählt wird, da Beratungsunternehmen „Beratung" an Unternehmen verkaufen. Eine Beratung ist offensichtlich kein „Standardprodukt", erfordert immer direkten Klientenkontakt und kann weder einfach gemessen noch gelagert werden. So sind alle typischen Dienstleistungskriterien erfüllt, wodurch die Beratung eines Unternehmens / einer öffentlichen Institution durch ein Beratungsunternehmen als spezielle Dienstleistung anzusehen ist.[12]

5.1. Personal-/Kontaktmanagement

Ein (Beratungs-)Unternehmen ist nur so gut wie seine wichtigste Ressource: die eigenen Mitarbeiter![13] Diese These wird seit Jahrzehnten von vielen Geschäftsführern und Personalleitern gelebt und gefördert. Deshalb halten immer mehr Social Networking Anwendungen Einzug in die Unternehmen, wobei zwischen offenen (wie XING) und unternehmensinternen Social Networks unterschieden wird. Beide Formen verfolgen jedoch im Grunde dieselben Ziele, die als Kontaktmanagement und Expertensuche betitelt werden:

Unter Kontaktmanagement wird die onlinebasierte, professionelle Pflege und Aktualisierung der eigenen geschäftlichen Kontakte verstanden, wobei ein Geschäftskontakt entweder ein Klient oder ein Kollege sein kann. Da jeder Kontakt, wie zuvor erläutert, sein Profil selbstverantwortlich gestaltet und bearbeitet, ist ein automatisches, synchronisiertes Geschäftskontaktmanagement durch ein Social Network überhaupt möglich, weil die stetig steigende Anzahl der Geschäftskontakte über die Berufsjahre eines Unternehmensberaters hinweg eine händische, aktuelle Verwaltung dieser äußerst aufwendig machen würde.

---

[11] vgl. Barchewitz, Christoph & Armbrüster, Thomas (2004): Unternehmensberatung, S. 7. Wiesbaden: Deutscher Universitätsverlag
[12] vgl. Schuster, Katrin (2005): E-Consulting, S. 14. München: Oldenbourg Verlag
[13] vgl. Diskussionsvideo Cebit Studio Mittelstand: http://www.cebit-studio-mittelstand.de/deDE/BroadcastB-43-Mitarbeiter_Das_Unternehmen_ist_nur_so_gut_wie_seine_wichtigste_Ressource-Sartorius_AG-Moehwald_Unternehmensberatung-RKW_Rationalisierungs_und_Innovationszentrum_der_Deutschen_Wirtschaft_eV.html

Die Ausführlichkeit und Aktualität der Mitarbeiterprofile führt zudem zum zweiten Ziel, der unternehmensinternen Expertensuche. Besonders bei agilen wie projektgetriebenen Unternehmen, insbesondere also in der IT- und Beratungsbranche, steht vor jedem Projektbeginn die Suche nach den bestpassenden Projektmitarbeitern, was oftmals bei sehr innovativen/wichtigen Projekten eine große Herausforderung darstellt. Hier setzen ursprünglich statische Expertenverzeichnisse der Unternehmen an, in denen besonders leistungsstarke Mitarbeiter aufgenommen wurden. Das aufkommende Problem dabei ist die fehlende, zeitnahe Aktualisierung der gesamten Expertenprofile, sodass die heutige Lösung eine Kombination aus Social Network und Merkmalen der Expertenverzeichnisse die beste Akzeptanz findet.

So ein internes Social Network findet sich beispielsweise bereits seit 2007 bei dem Beratungsunternehmen Accenture erfolgreich im Einsatz.[14] Die Adaption und Individualisierung auf die Unternehmensbedürfnisse der damals vorhandenen, öffentlichen, geschäftlichen Social Networks ist zwei Jahre nach der Einführung vollständig gelungen, da die „Accenture People Pages" ein Teil der Unternehmenskultur geworden sind und eine Effizienz- und Umsatzsteigerung anhand von Unternehmenskennzahlen nachgewiesen werden kann. Jeder der 180.000, weltweit verteilten Mitarbeiter führt nämlich eigenverantwortlich ein ausführliches Expertenprofil im Social Intranet. Somit kann jeder interessante/nützliche Kollegen finden und selbst auch von Anderen für Projekte gefunden werden, wodurch eine schnellere und optimale Ausrichtung auf die Klienten möglich ist.

Abbildung 8: Beispiel einer Accenture My Page
(Quelle: Abbildungsverzeichnis)

---

[14] Richter, Alexander; Kneifel, Daniel & Ott, Florian (2009): Social Networking bei Accenture. Fallstudie in: Wirtschaftsinformatik & Management

Neben den angesprochenen, zwei Hauptzielen der Social Networks in (Beratungs-) Unternehmen können natürlich die sonstigen Vorzüge der Social Networks im Unternehmen mitgenutzt werden, wie der Wissens- und Erfahrungsaustausch zwischen den Kollegen in zahlreichen, integrierten Diskussionsgruppen oder Mitarbeiter-Blogs im Social Intranet, um eine familiäre, motivierende Unternehmenskultur zu schaffen.

5.2. Produktmanagement/Marketing

Neben den eigenen Mitarbeitern spielt für ein Unternehmen das/die zu verkaufende/n Produkt/e eine erhebliche Rolle, denn ohne es/sie kann ein Unternehmen nicht „überleben"!

Die Marketingabteilungen der Unternehmen müssen daher ständig neue Trends beobachten und diese bei Erfolgsaussichten direkt nutzen, um ihre Produkte den Konsumenten besser zu präsentieren und sich zudem attraktiver gegenüber Marktbegleiter zu positionieren. Neben den klassischen Ansätzen der Produktentwicklung und des Marketings, die im Weiteren nicht behandelt werden, entwickelt sich der Schwerpunkt hin zum Social Commerce bzw. zur Werbung 2.0. Dies bedeutet den Bruch der klaren Abgrenzung zwischen Produzent und Konsument und fördert das Verschwimmen zwischen der Unterhaltungs-, Unternehmens- und Konsumentenebene.

So stehen bei Werbungsbannern und -videos im Internet nicht mehr offensichtlich das Produkt im Vordergrund, sondern meist eine unterhaltsame Geschichte, einprägsame Situationen oder eine berühmte Persönlichkeit („Entertainment"), die in einer bestimmten Verbindung zum angepriesenen Produkt stehen.

Werbung 2.0 bezeichnet weiterhin völlig neue Formen des Marketings, die teilweise gar nicht durch das eigentliche Unternehmen kontrollierbar sind, wie z.B. die Präsenz in Social Networks und den Einsatz von Corporate Blogs (siehe Abbildung 9). Unternehmen veröffentlichen absichtlich sogenannte Produkt- oder Kampagnen-Blogs und hoffen aufgrund eines „eingebauten Eye-Catchers" auf eine hohe Leserresonanz, die das neue Produkt

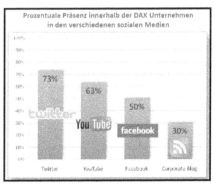

Abbildung 9: Werbung 2.0 in DAX Unternehmen
(Quelle: Abbildungsverzeichnis)

bzw. die Kampagne kontrovers diskutieren. Diese unternehmensunabhängigen Menschen verbreiten im Idealfall indirekt die betreffende Werbebotschaft viral und plattformübergreifend über das Internet, ohne dass das Unternehmen seinerseits etwas dafür weiter tun muss. Jedoch birgt das virale Marketing die Gefahr, dass sich genauso schnell eine (einzige) negative Produktnachricht verbreiten kann, die das Unternehmen zu einer sofortigen Handlung zwingt, wie es Dell 2005 passierte, wo die versprochene Servicequalität des Produkts bei einem populären US-Blogger nicht eingehalten werden konnte.[15]

Social Commerce hingegen setzt mehr an der Produktentwicklung und einer dazu verbundenen Partizipation der Konsumenten an. Hierfür werden den Konsumenten integrierte Funktionen/Bereiche geschaffen, in denen sie als Berater bzw. Experte gegenüber anderen Konsumenten auftreten und ihre Meinungen, Bewertungen, praktische Hinweise zum Produkt veröffentlichen können (Beispielunternehmen: Amazon). Eine weitere Möglichkeit, die Konsumenten noch stärker in das Produkt-/Innovationsmanagement zu integrieren, sind Support- und Service-Wikis auf der Unternehmenshomepage. Hier können Kunden unter anderem Verbesserungen für Produkte und Serviceleistungen vorschlagen, Lösungen zu auftretenden Problemen bei Produkten schildern und einfach ihre Erfahrungen von benutzten Produkten/Servicedienstleistungen mitteilen (Beispielunternehmen: Lexmark).

Es ist offensichtlich, dass Social Commerce eine sinnvolle Bereicherung für vor allem IT-Unternehmen und weniger für Dienstleistungsunternehmen bedeutet. So bleibt für Beratungsunternehmen „nur" die effektive und einfallsreiche Nutzung der Werbung 2.0, um ihre Dienstleistungen dem Markt zu präsentieren.

5.3. Wissensmanagement

„Wenn Siemens wüsste, was Siemens [so alles] weiß!"[16] Dieser Ausspruch war bei Siemens vor ungefähr einem Jahrzehnt, also schon vor dem Start der offiziellen Web 2.0 Ära, der Beginn des Wandels vom traditionellen Wissenserwerb hin zu einem interaktiven, kollektiven Wissensmanagement. Inzwischen ist ein Großteil der Unternehmen dieser Entwicklung nachgezogen und erweitern diese Idee mithilfe von Web 2.0 Elementen, vor allem diejenigen, die sehr technisches Know-how und implizites Wissen der Mitarbeiter verwenden und im Unternehmen belassen möchten: also hauptsächlich die Dienstleistungs- und Beratungsunternehmen, da ihre Existenzgrundlage aus dem eigenen Know-how besteht!

---

[15] vgl. Stanoevska-Slabeva, Katarina (Hrsg.) (2008): Web 2.0 – Die nächste Generation Internet, S. 118. Baden-Baden: Nomos Verlagsgesellschaft
[16] http://www.siemens.com/innovation/pool/de/Publikationen/Zeitschriften_pof/PoF_Fruehjahr_2004/ Wissensgesellschaft/Knowledge_Management/PoF104art15_1172109.pdf, Seite 70. 21.03.2010

Durch den Einsatz einer Kombination von Enterprise 2.0 Plattformen und klassischen Dokumentenmanagementsystemen wird das Know-how innerhalb eines Unternehmens besser „aufbewahrt", genutzt und verteilt.

Im Gegensatz zum früheren, unstrukturierten Vorhandensein von Informationen in den verschiedensten „Ecken" des Unternehmens, wie z.B. in E-Mail-Postfächern, Dokumentenmanagementsystemen, Abteilungslaufwerken, einzelnen Dokumenten, Mitarbeiterköpfen, ermöglicht das Enterprise 2.0-Wissensmanagement unter idealen Umständen eine unternehmensweite Know-how-Verteilung durch eine zentrale Wissenszusammentragung und -aufbewahrung. So können alle Mitarbeiter Wikis zu (schwierigen) Geschäftsprozessen inklusiver praktischer Tipps entwerfen, Mitarbeiter-Blogs zu herausfordernden Situationen verfassen und ihre angesammelten Berufserfahrungen in einem internen Nachschlagewerk für andere Kollegen niederschreiben.

Um diese beispielhaften Möglichkeiten zu nutzen und den „Abfluss" des wertvollen IT-Wissens der Mitarbeiter einzudämmen, ist seit drei Jahren bei T-Systems das „Knowledge Network QBase" aktiv im praktischen Einsatz. Nach einer einjährigen Eingewöhnungsphase gehört der rege Erfahrungsaustausch unter den Mitarbeitern nun zur gelebten Unternehmenskultur, sodass die unternehmensweite Wiki derzeit mehrere hunderttausende Artikel zu allen relevanten Themen, denen die Mitarbeiter in ihrem Berufsalltag begegnen, enthält und die zahlreichen Mitarbeiter-Blogs die Kollegen – auch außerhalb der Kaffeeküchen – zu den unterschiedlichsten Diskussionen anregen.

Abbildung 10: Willkommensseite des QBase
(Quelle: Abbildungsverzeichnis)

So ein unternehmensweites Wissensmanagement verschafft den anwendenden (Beratungs-) Unternehmen Wettbewerbsvorteile, die sich in höherer Kundenzufriedenheit, Zeit-/Kostenersparnisse und durch effektivere, effiziente Arbeitsweisen der Mitarbeiter ausdrücken.[17] Die Mitarbeiter erhalten im Gegenzug meist Anerkennung, einen sicheren Arbeitsplatz und fühlen sich als „Teil des Unternehmens", was ihre Arbeits- und

---

[17] vgl.Weber, Mathias (2008): Enterprise 2.0 – Analyse zu Stand und Perspektiven in der deutschen Wirtschaft. Empirische Studie der BITKOM

Lernbereitschaft deutlich erhöht, das schließlich den Unternehmen den entscheidenden Vorteil in einem „hart umkämpften" Markt bringen kann.

5.4. Kunden-/Identitätsmanagement

Das Kundenmanagement ist der vierte, große Bereich, wo Enterprise 2.0 sinnvoll und effektiv eingesetzt werden kann, da es sehr eng mit dem Identitätsmanagement von Unternehmen („Corporate Identity") zusammenhängt. Beides kann gemeinsam durch Web 2.0 Anwendungen/Plattformen gegenüber dem Markt bzw. (potenzieller) Konsumenten gefördert werden, sodass die Unternehmen ihre Kundenorientierung und -bindungen weiter ausbauen können („Public Relations", kurz PR). Etablierte Einsatzmöglichkeiten sind Corporate-Blogs, die Unternehmenspräsenz in Form von Profilen in Social Networks und die Möglichkeit von Instant Messaging zwischen Menschen und Unternehmen.

Corporate-Blogs sind eine spezielle Form von Blogs, denn hier „spricht" keine einzelne Person, sondern das gesamte Unternehmen. Deshalb werden die unternehmensrelevanten Informationen von der Geschäftsführung oder der PR-Abteilung ohne Marketingfokus gebloggt, sodass das Unternehmen „menschlicher", also vertrauter, wirkt. Das verfolgte Ziel liegt hierbei in der Bildung eines prägnanten Unternehmensimages, das die Leute automatisch mit den Leistungen/Produkten verbinden und bei der Inanspruchnahme/beim Kauf beeinflussen soll.

Instant Messaging findet hingegen eine beliebte Verwendung im Support-/Hilfebereich eines Enterprise 2.0 orientierten Unternehmens, da durch die sofortige Reaktionsmöglichkeit zwischen den beteiligten Menschen Probleme/Fragen schneller und leichter gelöst werden können.

Den einflussreichsten Teil der Public Relations eines Unternehmens bildet derzeit die „einfache" Präsenz in Social Networks. Aufgrund des Strebens der Akteure eines solchen Netwerks sich über ihre Profile möglichst markant identifizieren zu wollen, spielen dabei Markennamen eine große Rolle. So liegt es nahe, sich mit den betreffenden Unternehmen, falls vorhanden, zu „networken", um die Zugehörigkeit zu demonstrieren und immer auf dem aktuellen Informationsstand seiner „Lieblingsunternehmen" zu sein. So erreichen die 30 größten, deutschen Konzerne laut der aktuellsten Studie Ende 2009 zusammen über zehn Millionen Menschen über Social Networks.[18]

---

[18] vgl. o.A. (2009): DAX-30-Konzerne im Social Web. Empirische Studie der Düsseldorfer Agentur Vierpartner

Durch die stetig steigende Anzahl der erreichbaren Menschen wird das Kunden-/Identitätsmanagement für Dienstleistungsunternehmen immer strategisch bedeutender, da sie sich besser über ihr Image und Kundenvertrauen statt über ihre nicht wirklich fassbaren „Produkte" in der Gesellschaft etablieren müssen. So ist es mittlerweile in der Beratungsbranche üblich, durch soziale Engagements/Events unternehmensunabhängige „Fürsprecher" vielfältig in der Gesellschaft zu positionieren, die das Image des Unternehmens aus eigener Überzeugung unterstützen/fördern.

6. Fazit

Das Web 2.0 Zeitalter und die damit einhergehenden Veränderungen begannen unscheinbar und nicht vor allzu langer Zeit im privaten Bereich als „digitale Revolution Version 2". Bisher erkannte die Mehrheit der Unternehmen aller Branchen die dahinterliegende Bedeutung für den zukünftigen Berufsalltag nicht oder nur unzureichend, sodass in Deutschland vielmehr vom Risk of Not Investing statt vom Return on Investment des Enterprise 2.0 die Rede ist.[19]

Diejenigen Unternehmen, die sich bereits an das noch nicht messbare Phänomen des sozialen Webs heranwagten, zeigen vielversprechende Erfolge, die in zahlreichen Studien empirisch nachgewiesen werden können, wobei Kritikern die eindeutige Verbindung zwischen dem Einsatz von Web 2.0 Plattformen im Unternehmen und einer Umsatz-/Gewinnsteigerung bzw. der erhöhten Leistungen der Mitarbeiter trotzdem fehlt.

Sie zeigen dennoch eins vor allem: Den Anwendungsmöglichkeiten von Enterprise 2.0 in hoch technologisierten wie dienstleistungsorientierten Unternehmen (wie Beratungsunternehmen) sind aktuell keine innovativen Grenzen gesetzt und finden sich in manchen Beratungsunternehmen bereits seit mehreren Jahren schon im erfolgreichen Einsatz. Diese bestätigen nach unternehmensinternen Analysen die bessere Konkurrenzfähigkeit zu ihren Marktbegleitern durch effizientere und effektivere Mitarbeiter, die sich durch die Web 2.0 Plattformen gegenseitig unterstützen und ständig weiterentwickeln, ohne dass das Unternehmen zusätzliche Mittel bereitstellen muss.

Aufgrund der gesammelten Erkenntnisse vertritt der Autor die Meinung, dass Enterprise 2.0 in naher Zukunft bei vielen (Beratungs-) Unternehmen drastisch an Bedeutung zunehmen wird, da sie sich gegenüber den aktuellen Entwicklungen nicht verschließen können.

---

[19] vgl. http://www.besser20.de/enterprise-20-vom-roi-zum-roni-risk-on-not-investing/86/, 22.03.2010

7. Quellenverzeichnis

7.1. Literaturverzeichnis

Bücher:

1. Alby, Tom (2007): Web 2.0 – Konzepte, Anwendungen, Technologien, 1. Auflage. München: Carl Hanser Verlag

2. Back, A.; Gronau, N. & Tochtermann, K. (2008): Web 2.0 in der Unternehmenspraxis – Grundlagen, Fallstudien und Trends zum Einsatz von Social Software, 1. Auflage. München: Oldenbourg Verlag

3. Barchewitz, Christoph & Armbrüster, Thomas (2004): Unternehmensberatung – Marktmechanismen, Marketing, Auftragsakquisition, 1. Auflage. Wiesbaden: Deutscher Universitätsverlag

4. Fischer, Tim E. (2006): Unternehmenskommunikation und Neue Medien – Das neue Medium Weblogs und seine Bedeutung für die Public Relations – Arbeit, 1. Auflage. Wiesbaden: Deutscher Universitätsverlag

5. Koch, Michael & Richter, Alexander (2009): Enterprise 2.0 – Planung, Einführung und erfolgreicher Einsatz von Social Software im Unternehmen, 2. Auflage. München: Oldenbourg Verlag

6. Schuster, Katrin (2005): E-Consulting, 1. Auflage. München: Oldenbourg Verlag

7. Stanoevska-Slabeva, Katarina (Hrsg.) (2008): Web 2.0 – Die nächste Generation Internet, 1. Auflage. Baden-Baden: Nomos Verlagsgesellschaft

8. Wauch, Franziska & Komus, Ayelt (2008): Wikimanagement – Was Unternehmen von Social Software und Web 2.0 lernen können, 1. Auflage. München: Oldenbourg Wissenschaftsverlag

(Fall-)Studien:

9. Richter, Alexander; Kneifel, Daniel & Ott, Florian (2009): Social Networking bei Accenture. Fallstudie in: Wirtschaftsinformatik & Management

10. Vinke, Daniel & Nicolai, Alexander (2009): Wie nutzen Deutschlands größte Marken Social Media? Empirische Studie der Universität Oldenbourg

11. Weber, Mathias (2008): Enterprise 2.0 – Analyse zu Stand und Perspektiven in der deutschen Wirtschaft. Empirische Studie der BITKOM

Web 2.0 Plattformen – Einsatzmöglichkeiten in Beratungsunternehmen
Krause, Christopher
Stand: Freitag, 2. April 2010

12. o.A. (2009): DAX-30-Konzerne im Social Web. Empirische Studie der Düsseldorfer Agentur Vierpartner

Internetseiten:

13. http://vnude.typepad.com/Files/web20.pdf, 6.03.2010
14. http://www.oreilly.de/artikel/web20.html, 6.03.2010
15. http://www.pwc.de/fileserver/RepositoryItem/ Fachbeitrag_Web%202.0.doc.pdf?itemId=6314630, 6.03.2010
16. http://www.bernd-schmitz.net/wiki/index.php/ Gesch%C3%A4ftsmodelle_und_Crossmediale_Strategien_von_Web_2.0_- _Plattformen, 7.03.2010
17. http://www.spiegel.de/wissenschaft/mensch/0,1518,569705,00.html, 14.03.2010
18. http://www.siemens.com/innovation/pool/de/Publikationen/Zeitschriften_pof/ PoF_Fruehjahr_2004/Wissensgesellschaft/Knowledge_Management/ PoF104art15_1172109.pdf, 21.03.2010
19. http://faz-community.faz.net/blogs/netzkonom/archive/2010/02/15/ dax-konzerne-erreichen-zehn-millionen-menschen-in-sozialen-medien.aspx, 22.03.2010

7.2. Abbildungsverzeichnis

Abbildung 7: http://www.bitkom.org/files/documents/Netzwerke_Download.jpg,
14.03.2010

Abbildung 8: http://www.accenture.com/NR/rdonlyres/
256689D8-907E-4CC9-92F4-4322FC68583A/0/
CIO_BillGreen_large.jpg, 20.03.2010

Abbildung 9: http://faz-community.faz.net/cfs-file.ashx/__key/
CommunityServer.Blogs.Components.WeblogFiles/
netzkonom.Netz+2009a/soziale-Medien4.jpg, 20.03.2010

Abbildung 10: T-Systems Intranet

7.3. Tabellenverzeichnis

Tabelle 1: http://vnude.typepad.com/Files/web20.pdf, Werbung im Web 2.0, 7.3.2010

Tabelle 2: vgl. Jan Schmidt: Social Software: Onlinegestütztes Informations-,
Identitäts- und Beziehungsmanagement. Forschungsjournal Neue
soziale Bewegungen, Nr. 2/2006

www.ingramcontent.com/pod-product-compliance
Lightning Source LLC
LaVergne TN
LVHW042128070326
832902LV00037B/1458